BEI GRIN MACHT SICH IHR WISSEN BEZAHLT

Bibliografische Information der Deutschen Nationalbibliothek:

Die Deutsche Bibliothek verzeichnet diese Publikation in der Deutschen National-bibliografie; detaillierte bibliografische Daten sind im Internet über http://dnb.d-nb.de/ abrufbar.

Impressum:

Copyright © 2010 GRIN Verlag
Druck und Bindung: Books on Demand GmbH, Norderstedt Germany
ISBN: 9783668975347

Dieses Buch bei GRIN:

https://www.grin.com/document/490848

Marco Niesen

Entwicklung und Implementierung eines Signalgenerators auf einem FPGA

GRIN Verlag

ENTWICKLUNG UND IMPLEMENTIERUNG EINES SIGNALGENERATORS AUF EINEM FPGA

BACHELORARBEIT

VERFASSER:	MARCO NIESEN
THEMA ERHALTEN AM:	07.01.2010
ABGABE AM:	30.06.2010

NEUBIBERG, JANUAR 2010

Inhaltsverzeichnis

Abbildungsverzeichnis

Abkürzungsverzeichnis

DA	Digital-Analog
DAC	Digital-Analog-Converter
DC	Direct Current (Gleichspannung)
DDS	Direct Digital Synthesis
FPGA	Field Programmable Gate Array
Hz	Hertz
kHz	Kilohertz (10^3 Hertz)
mHz	Millihertz (10^{-3} Hertz)
MHz	Megahertz (10^6 Hertz)
ms	Millisekunden
ns	Nanosekunde(n)
VHDL	Very High Speed Integrated Circuit Hardware Description Language
VWF	Vector Waveform File
µHz	Mikrohertz (10^{-6} Hertz)
µs	Mikrosekunden

Verwendete Software

Microsoft Windows 7 Professional 6.1.7600 (64-Bit)

Microsoft Visual Studio 2008 Professional Edition Version 9.0.21022.8 RTM

Microsoft .NET Framework Version 3.5 SP1

Altera Quartus II 9.1 Build 304 01/25/2010 SJ Web Edition (SP1)

Notepad++ v5.6.4 (UNICODE)

Vorwort

Ziel dieser Arbeit soll ein einfacher Signalgenerator sein, dessen Algorithmen zur digitalen Synthese auf einem FPGA realisiert sind.

Durch einen ausgangsseitig angeschlossenen DAC (Digital-Analog-Converter) wird das ausgegebene Signal in eine analoge Form umgewandelt und ausgegeben. Ein nachgeschalteter Tiefpassfilter soll dabei unerwünschte Störsignale unterdrücken.

DAC, Filter und Anschlussbuchse für den Signalabgriff sollen auf einer Platine untergebracht werden, die auf das vorhandene Evaluation-Board des FPGA aufgesteckt werden kann.

Wünschenswerte Funktionen des Signalgenerators:

- Frequenzdarstellung über Sieben-Segment-Anzeige oder LCD
- über Taster einstellbare Frequenz (0 Hz - 1 MHz)
- verschiedene Signalformen (Sinus, Rechteck, Dreieck, Sägezahn)
- veränderbarer Tastgrad (10% - 90%)

Da der Hauptbestandteil dieser Arbeit die digitale Synthese der Signale im FPGA ist, können die Funktionen zur Einstellung der Amplitude und des DC-Offset nicht realisiert werden. Diese sind Bestandteil des analogen Teils und werden in einer folgenden Arbeit behandelt.

1. Einführung

1.1   Allgemeine Grundlagen Signalgeneratoren

Ein Signalgenerator - auch Funktionsgenerator oder Frequenzgenerator genannt - stellt Ausgangssignale zur Verfügung, die meist zum Testen und Vermessen elektronischer Schaltungen benötigt werden. Mit ihrer Hilfe lassen sich zum Beispiel Frequenzgang, Verstärkung oder Verzerrung einer Schaltung messen.

Die Signale lassen sich durch verschiedene einstellbare Parameter beeinflussen und verändern.

1.2   Kommerzielle Signalgeneratoren

Handelsübliche Signalgeneratoren sind zu Preisen von circa 150 Euro bis mehreren tausend Euro erhältlich. Maßgeblich für den Preis sind in erster Linie die vorhandene Ausstattung, sowie diverse Qualitätsmerkmale der Geräte.

Hauptsächlich verfügen alle Geräte über folgende Einstellmöglichkeiten:

1. Signalform

Die gängigsten Signalformen sind hierbei Sinus, Rechteck, Dreieck, Sägezahn und Rauschen. Zusätzlich können eigene Formen frei programmiert werden. Geräte, die diese Möglichkeit besitzen, werden als „arbiträre Funktionsgeneratoren" bezeichnet.

2. Frequenz

Für Funktionsgeneratoren werden eine minimale, eine maximale Frequenz, sowie die Frequenzauflösung angegeben. der zu generierenden Signale angegeben. Die minimale Frequenz entspricht größtenteils der Frequenzauflösung und liegt typischerweise im Bereich von einigen µHz bis einigen mHz.

3. Amplitude

Diese kann meist in einem Bereich von 0 Vpp bis 10 Vpp (teilweise auch bis 20 Vpp) entweder analog oder im gehobenen Preissegment auch digital eingestellt werden.

4. DC Offset

Dem auszugebenden Signal kann eine positive oder negative Gleichspannung hinzu addiert werden, um das resultierende Signal um den Nullpunkt zu verschieben. Gängig sind hier ±10 V.

5. Tastgrad

Der Tastgrad – auch Duty Cycle oder Duty Factor – beschreibt bei einer Rechteckspannung das Verhältnis der Impulsdauer zur Periodendauer. Er kann bei Signalgeneratoren zwischen 0% und 100% gewählt werden. Da 0% und 100% nicht sehr sinnvolle Werte darstellen, kann er je nach möglicher Auflösung zwischen 1% und 99% oder 0,01% und 99,99% gewählt werden.

6. Frequenz- oder Amplituden-Sweep (Startfrequenz, Stoppfrequenz, Dauer)

Kann man das auszugebende Signal in Frequenz oder Amplitude über einen bestimmten Zeitraum selbsttätig ändern lassen, nennt man diese Funktion „Sweep". Hierfür kann eine Startfrequenz / Startamplitude, eine Stoppfrequenz / Stoppamplitude, sowie die Dauer der Änderung eingestellt werden. Bei Geräten der höheren Preisklassen gibt es zusätzliche Funktionen die zum Beispiel neben der linearen Änderung über der Zeit auch eine exponentielle Änderung erlauben.

7. Modulation

Oft findet sich bei Signalgeneratoren die Möglichkeit, das auszugebende Signal zusätzlich zu modulieren. Relativ günstige Geräte bieten hier eine einfache FM-Modulation an, wobei die Möglichkeiten in hohen Preisregionen schier unbegrenzt sind. Da diese Funktion für den einfachen Gebrauch allerdings nicht von Bedeutung ist, möchte ich an dieser Stelle nicht weiter darauf eingehen.

1.3   Wichtige Qualitätsmerkmale

- DAC-Wortbreite

- Minimale / maximale Frequenz und Frequenzauflösung

- Frequenzstabilität

- Klirrfaktor

- Schnittstellen

- Anzahl der Kanäle

- Anstiegs-/Abfallzeit (besonders wichtig bei Rechteck)

1.4   Grundlagen Signalerzeugung

Die von Signalgeneratoren ausgegebenen Signale lassen sich auf verschiedene Weisen erzeugen. Grundlegend unterschieden wird hier zwischen der analogen und der digitalen Signalerzeugung. Eingehen möchte ich im Folgenden auf zwei gängige Prinzipien aus beiden Kategorien.

1.4.1   Analoge Signalerzeugung

Bei der einfachen analogen Signalerzeugung werden die verschiedenen Signalformen (Rechteck, Dreieck, Sinus) wie folgt mit Hilfe von Operationsverstärkern erzeugt:

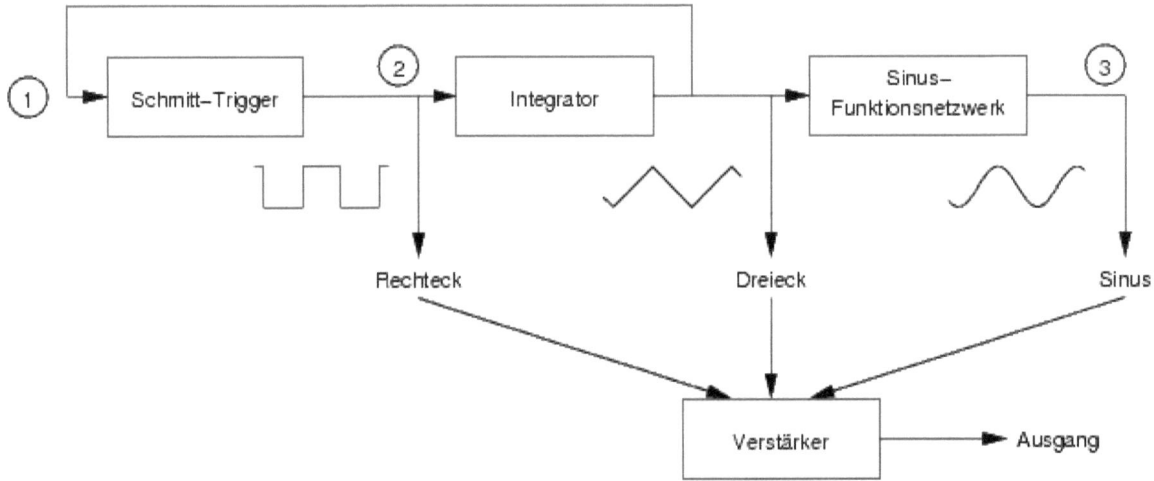

Abbildung 1: Einfacher analoger Synthesizer
(Quelle: www.mikrocontroller.net)

„Die Spannung an Punkt 2 wird von dem Integrator integriert, wobei eine positive Spannung zu einer fallenden Spannungsrampe am Ausgang führt, eine negative zu einer stei-
genden. Diese wird gleichzeitig an den Eingang des Schmitt-Triggers zurückgeführt. So-
bald die Eingangsspannung des Schmitt-Triggers eine der Umschaltschwellen -2/3 U_{max}
oder +2/3 U_{max} erreicht hat, springt die Ausgangsspannung an Punkt 2 auf -U_{max} bzw.
+U_{max}. Dadurch wird die Integrationsrichtung umgekehrt, die Steigung der Spannungsrampe ändert also ihr Vorzeichen. Die Spannung steigt oder sinkt nun wieder so lange,
bis die andere Umschaltschwelle des Schmitt-Triggers erreicht ist und ändert dann er-
neut die Richtung. Dieser Vorgang wiederholt sich immer wieder, so dass an Punkt 2 eine
Rechteck- und an Punkt 3 eine Dreieck-Schwingung gemessen werden kann. Die Frequenz hängt von der Geschwindigkeit der Integration, also der Steigung der Dreieck-
spannung, ab.

Um aus dem erzeugten Dreiecksignal eine angenäherte Sinusschwingung zu gewinnen,
wird ein Sinusfunktionsnetzwerk verwendet. Damit wird die Eingangsspannung mit Hilfe
von Dioden in mehrere Abschnitte "zerlegt", die jeweils unterschiedliche, durch Span-
nungsteiler angepasste Steigungen besitzen, wobei die Signalform so verändert wird
dass sie einem Sinus ähnelt."[1]

1.4.2   Digitale Signalerzeugung mittels DDS (Direct Digital Synthesis)

In einem DDS-System wird das auszugebene Signal - wie bereits dem Titel zu entneh-
men - digital erzeugt. Im einfachsten Fall besteht ein solches System aus einem Takt,
einem Adresszähler, einer Wertetabelle (der sogenannten „Lookup-Table") und einem
Digital-Analog-Wandler (DAC).

---

[1] http://www.mikrocontroller.net/articles/Funktionsgenerator (abgerufen am 31.05.2010)

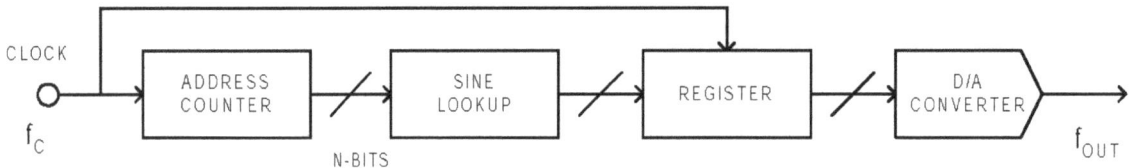

Abbildung 2: Einfacher digitaler Funktionsgenerator
(Quelle: A Technical Tutorial on Digital Signal Synthesis, Analog Devices)

Die Funktionsweise ist einfach: Bekommt der Adresszähler einen Takt, so zählt er eine Adresse hoch. An dieser Adresse wird in der Wertetabelle der zugehörige Funktionswert ausgelesen und dem DAC via Ausgangsregister übergeben, welcher diesen wandelt und ausgibt.

Ändert man die Werte der Wertetabelle, oder schaltet zwischen mehreren Tabellen um, so kann jedes beliebige Ausgangssignal erzeugt werden.

In diesem einfachsten Fall eines DDS-Systems fehlt nun lediglich die Möglichkeit, die Frequenz des Ausgangssignals beliebig ändern zu können.

Um dies erreichen zu können, wird ein Phasenakkumulator benötigt, dessen Funktionalität ich im Folgenden erläutern möchte:

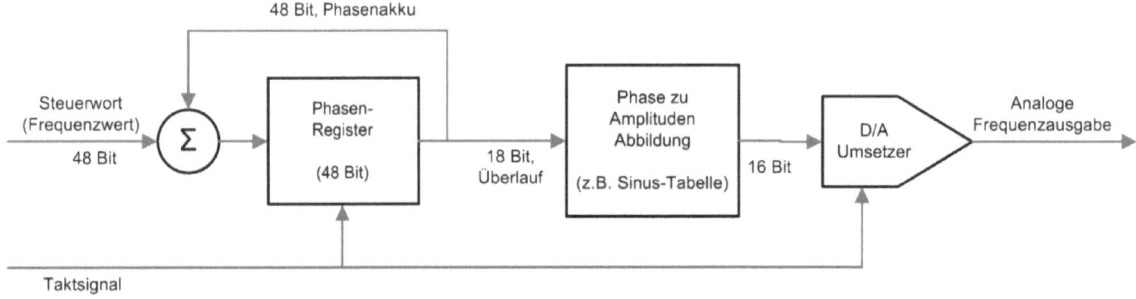

Abbildung 3: Digitaler Funktionsgenerator mit variabler Frequenz
(Quelle: Wikipedia – Direct Digital Synthesis)

Der Phasenakkumulator ist im Grunde genommen ein Zähler, welcher nun nicht mehr bei jedem Takt um den Wert 1 erhöht wird, sondern jeweils um den im Steuerregister (in Abbildung 3 als „Steuerwort" bezeichnet) gespeicherten Wert. Im Regelfall wird hierfür eine Kombination aus 48-Bit Zähler und Register genutzt, um den gewünschten Frequenzbereich in einem genügend großen Spektrum variieren zu können.

Von der so im Phasenakkumulator erzeugten Adresse werden die oberen Bits – und zwar meist zwei mehr als eigentlich für die gewünschte Auflösung benötigt - zur Wertetabelle geführt. Dies verhindert ein Quantisierungsrauschen.[2] Das bedeutet, dass in einem bestimmten Frequenzbereich das Überspringen einiger Funktionswerte verhindert wird und sich somit der Signal- / Rauschabstand nicht verschlechtert.

In der Wertetabelle müssen für diese Maßnahme natürlich auch dementsprechend mehr Einträge vorhanden sein.

1.5   Beschreibung des Entwicklungssystems Altera DE2

Die Realisierung des in dieser Arbeit beschriebenen Funktionsgenerators erfolgte auf einem Entwicklungsboard des Typs DE2 der Firma Altera.

Hauptbestandteil dieses Boards ist ein Altera Cyclone© II EP2C35F672C6 FPGA.

Die umfangreiche Ausstattung dieses Boards wurde für den Funktionsgenerator nur bruchstückhaft genutzt, da dieser außer ein paar Ausgangspins, Tastern und einer Möglichkeit zur Anzeige von Funktionen und Werten keine weitere Peripherie benötigt.

Eine Stromversorgung und der USB-Blaster zur Programmierung des FPGAs sind auf dem Board integriert, sodass ein USB-Kabel und ein einfaches Steckernetzteil zur Arbeit genügen. Während der Arbeit stellte sich allerdings heraus, dass der Eingangskondensator der integrierten Stromversorgung bei mehreren Boards plötzlich einen Defekt aufwies und das Board beim Einschalten nicht mehr reagierte. Abhilfe schaffte hier nur der Tausch des entsprechenden Bauteils.

---

[2] Direct Digital Synthesis, Application Note #5, Page 2 – Stanford Research Systems www.thinkSRS.com

2. Bedienung

2.1   Technische Daten

- Signalformen: Sinus, Rechteck, Dreieck, Sägezahn

- Frequenzauflösung: 0,178 µHz (theoretisch*), 1 µHz (praktisch*)

- Maximale Abweichung vom eingestellten Frequenzwert: 0,089 µHz**

- f_{min}: 0 Hz

- f_{max}: 25 MHz bzw. 195,31 kHz bei Ausnutzung aller Funktionswerte

- Tastgrad (Rechteck): 0% … 100%

- Ausgangsamplitude: 3,3 V (fest)

*Die theoretische Frequenzauflösung hängt von der Wortbreite des Steuerwortes, sowie der Breite des verwendeten Addierers ab. Da bei der vorliegenden Realisierung der Frequenzwert als Dezimalzahl mit einer Genauigkeit von 1 µHz eingegeben und daraus das jeweilige Steuerwort berechnet wird, ist diese theoretische Auflösung nicht möglich und für die vorliegende Arbeit auch nicht notwendig.

**Die maximale Abweichung bezieht sich auf den maximalen Fehler, der aufgrund der Umrechnung der eingegebenen Frequenz in einen Wert für das Steuerwort auftritt. Nicht berücksichtigt sind hier Hardwareseitige Ungenauigkeiten wie zum Beispiel die Gangungenauigkeit des Quarzes zur Systemtakterzeugung, etc..

2.2   Beschreibung der Bedienelemente

Abbildung 4: Bedienelemente

1	Reset	Löst bei Betätigung einen Reset aus (Low-Aktiv!)
2	Menu Item Number	Nummer des aktuell gewählten Menüpunktes (siehe 2.3 Menüführung)
3	Waveform	Nummer der aktuell gewählten Signalform (siehe 2.3 Menüführung)
4	Value	Wert der aktuell im Menü ausgewählten Option (zum Beispiel MHz-Teil der eingestellten Frequenz, wenn im Menü „Megahertz" (Menüpunkt 3) gewählt wurde)
5	Up	Nächster Menüpunkt
6	Down	Vorheriger Menüpunkt
7	Left	Wert verringern (siehe 2.3 Menüführung)
8	Right	Wert erhöhen (siehe 2.3 Menüführung)
9	GPIO 1	Anschluss für das D/A-Wandlerboard

2.3 Menüführung

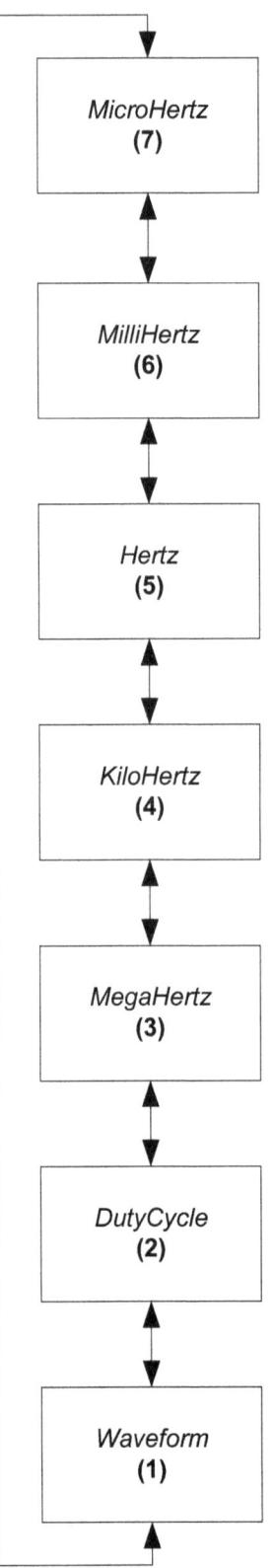

Das Benutzermenü ist aufgrund der mangelnden Anzeigemöglichkeiten sehr primitiv gehalten.

Mit den Tasten „Up" und „Down" kann zwischen den in Abbildung 5 dargestellten Punkten gewechselt werden. Einstellungen können im jeweiligen Menüpunkt mit Hilfe der Tasten „Left" und „Right" vorgenommen werden.

Die aktuelle Position im Menü wird dem Benutzer auf den linken beiden Anzeigeelementen (7-Segment-Anzeigen HEX7 und HEX6) als Ziffer dargestellt.

Die mittleren beiden Anzeigeelemente (HEX5 und HEX4) zeigen immer die momentan gewählte Signalform und die rechten vier Elemente (HEX3 bis HEX0) den aktuellen Wert (je nach Menüpunkt Tastgrad oder Frequenz) an.

Die Tasten „Up", „Down", „Left" und „Right" verfügen bei längerem Drücken über eine Wiederholfunktion, um das Vornehmen von Einstellungen zu vereinfachen.

<u>Bedeutung der einzelnen Menüpunkte:</u>

1: Auswahl der auszugebenden Signalform

    1:    Sinus

    2:    Rechteck

    3:    Dreieck

    4:    Sägezahn

2: Einstellung des Tastgrades

3: Ändern der auszugebenden Frequenz in 1 MHz – Schritten

4: Ändern der auszugebenden Frequenz in 1 kHz – Schritten

5: Ändern der auszugebenden Frequenz in 1 Hz – Schritten

Abbildung 5: Menüstruktur

6: Ändern der auszugebenden Frequenz in 1 mHz – Schritten

7: Ändern der auszugebenden Frequenz in 1 µHz - Schritten

3. Aufbau

3.1   D/A-Wandlerboard

Zunächst sollte die Wandlerplatine einen Digital/Analog-Wandler mit nachgeschaltetem Operationsverstärker und entsprechender Beschaltung, sowie einem Tiefpassfilter bestückt werden.

Als D/A-Wandler sollte hierfür der AD7524 von Analog Devices beziehungsweise der baugleiche TLC7524 von Texas Instruments zum Einsatz kommen. Dieser verfügt über eine Wandlungsbreite von 8 Bit und kann mit einer einzigen Versorgungsspannung betrieben werden (Single Supply). Mit einer Settling Time von 100 ns wäre er theoretisch bis Frequenzen von 5 MHz (Nyquist) geeignet. Als Operationsverstärker sollte hierfür ein LF353 der Firma National Semiconductors verwendet werden.

Nach einiger Recherche entschied ich mich allerdings für die einfache Variante eines R/2R-Netzwerkes, um mich zeitlich mehr auf das wesentliche - den Digitalteil des Generators - konzentrieren zu können. Die entsprechenden Datenblätter liegen dieser Arbeit allerdings, für eine eventuelle, spätere Realisierung der Schaltung, im Anhang bei.

Vorteile der R/2R-Variante sind vor allem die nicht vorhandene Wandlungszeit und die günstige Beschaffung der benötigten Komponenten.

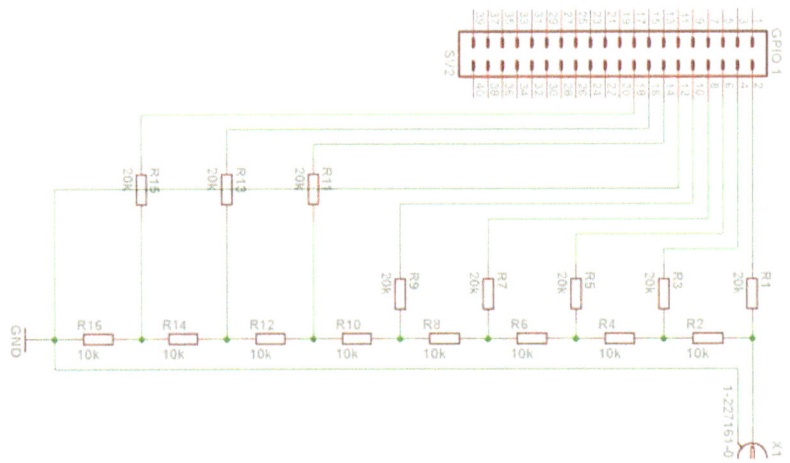

Abbildung 6: Schaltplan des D/A-Wandlerboards (R2R-Netzwerk)

Zwei wesentliche Nachteile sind hierbei allerdings die Genauigkeit aufgrund der Bauteil-toleranzen, sowie die sehr geringe Belastbarkeit des Ausgangs. Dies spielt jedoch für diese Ausarbeitung keine Rolle, da zum einen für die Signaldarstellung ein Oszilloskop mit hohem Eingangswiderstand verwendet wird und es hier zum anderen hauptsächlich um den digitalen Teil des Generators gehen soll. Die Genauigkeit wurde durch Verwendung von Präzisionswiderständen mit einer Toleranz von 0,1% so groß wie möglich gehalten.

Ein entsprechender Analogteil, welcher eine Impedanzanpassung, Filter, Amplituden- und Offsetparametrisierung enthält, wäre als Thema einer anderen Arbeit denkbar.

Benutzt wurden vom DE2-Board hierfür folgende Pins:

- GPIO 1, Pin 2 (PIN_K26)   :   Bit 7 (MSB)
- GPIO 1, Pin 4 (PIN_M23)   :   Bit 6
- GPIO 1, Pin 6 (PIN_M20)   :   Bit 5
- GPIO 1, Pin 8 (PIN_M21)   :   Bit 4
- GPIO 1, Pin 10 (PIN_M25)   :   Bit 3
- GPIO 1, Pin 12 (GND) :   GND
- GPIO 1, Pin 14 (PIN_P24)   :   Bit 2
- GPIO 1, Pin 16 (PIN_R24)   :   Bit 1
- GPIO 1, Pin 18 (PIN_T22)   :   Bit 0 (LSB)

3.2   VHDL-Komponenten

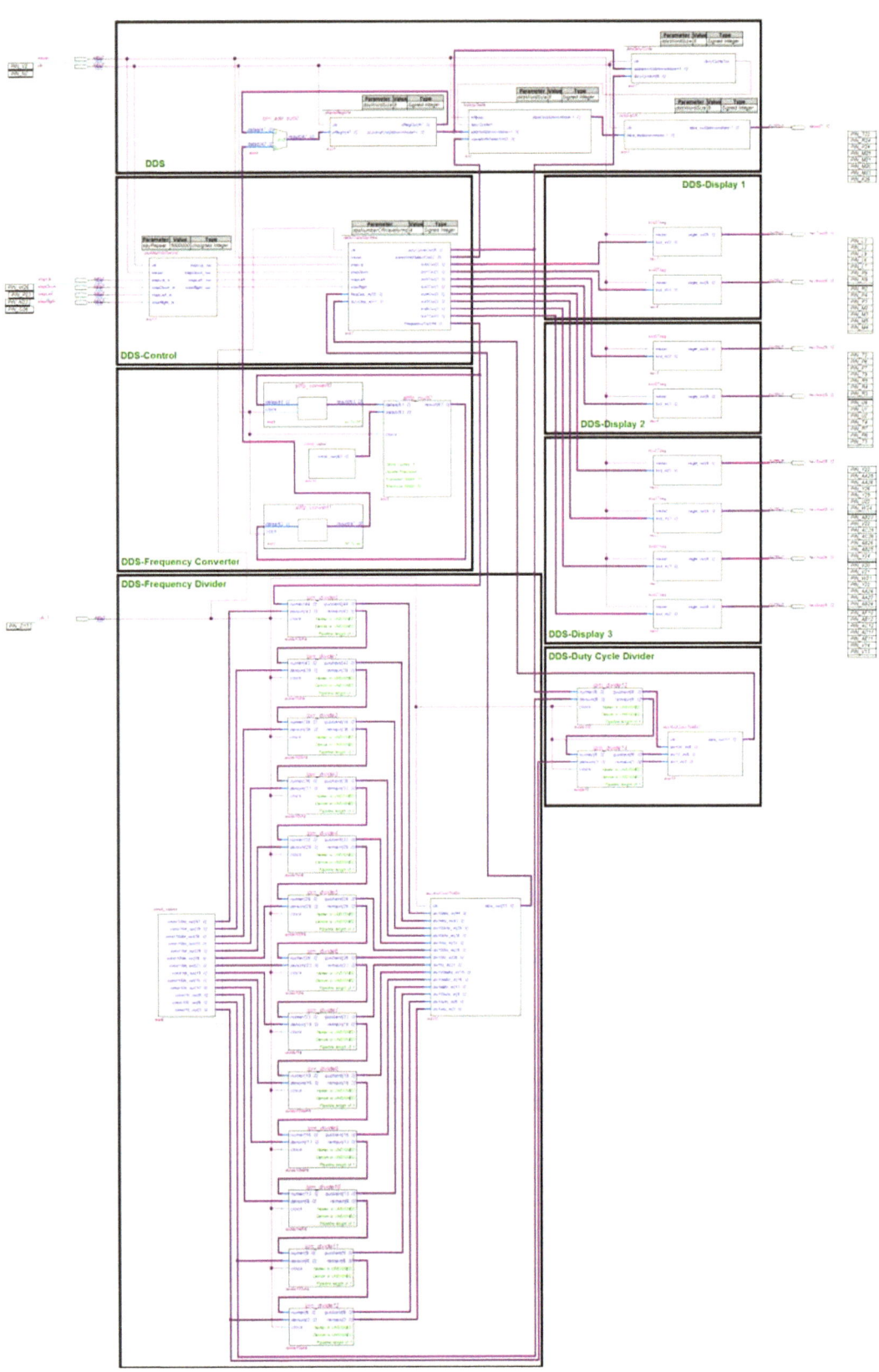

Abbildung 7: Überblick VHDL-Komponenten

3.2.1   Baugruppe DDS

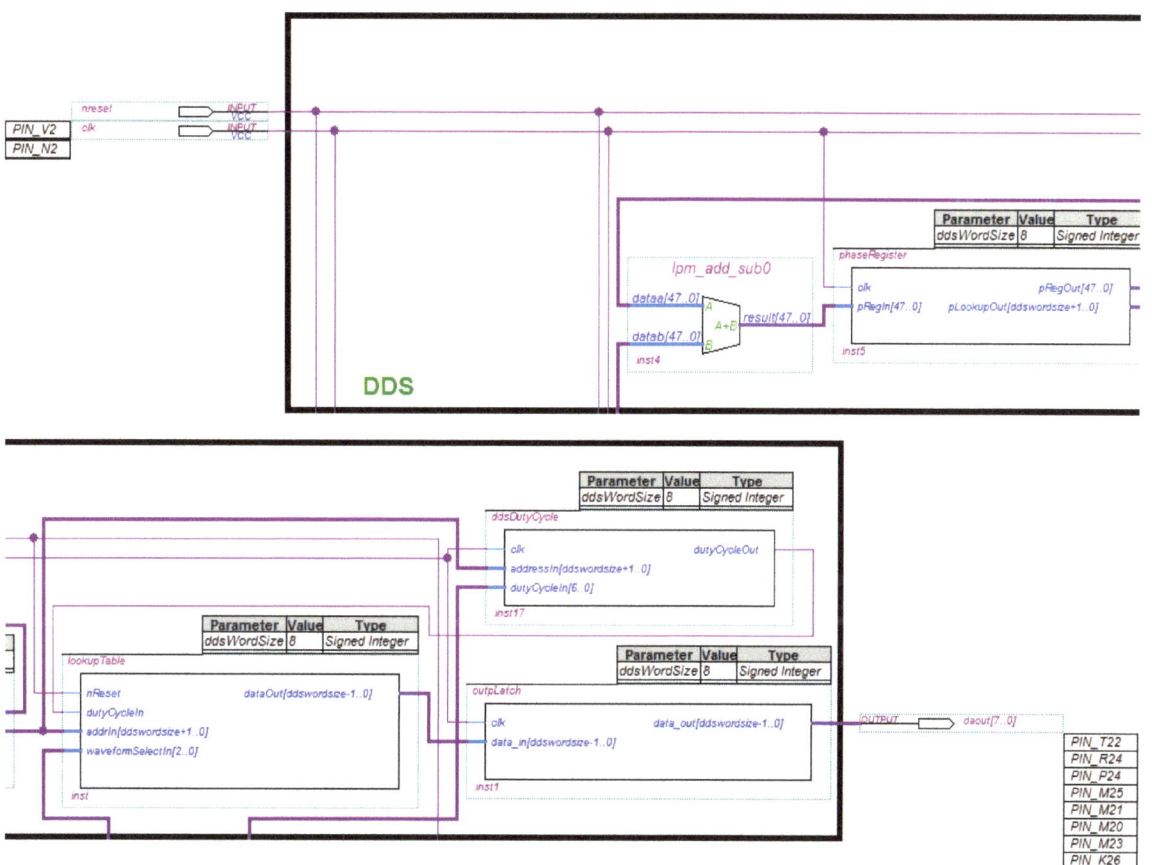

Abbildung 8: Baugruppe "DDS"

Diese Baugruppe enthält alle zur Generierung der Signale benötigten VHDL-Module. Sie erhält als Eingangssignale den Systemtakt von 50 MHz, sowie das Reset-Signal (Low-aktiv). Als Ausgang bietet sie das Ausgangssignal des Funktionsgenerators – in der momentanen Konfiguration als digitales 8-Bit-Signal – an.

Außerdem enthält sie Steuereingänge zur Auswahl der Signalform, zur Konfiguration der Ausgangsfrequenz, sowie zur Konfiguration des Tastgrads für Rechtecksignale.

Der Aufbau orientiert sich im Grunde genommen stark am Generatorprinzip in Abbildung 3.

Der dort erwähnte Phasenakkumulator besteht hier aus dem Addierer „lpm_add_subo", welchem an seinem Eingang „datab" ein 48-Bit breites Steuerwort zugeführt wird und dem Phasenregister „phaseRegister" zur Erzeugung der jeweiligen Adresse für die nachfolgende Lookup-Tabelle.

Wie das zugehörige Steuerwort zu einer bestimmten Frequenz errechnet werden kann, ist in Kapitel 3.2.4 (Baugruppe DDS-Frequency Converter) beschrieben.

Die Lookup-Tabelle „lookupTable" wurde im Gegensatz zu Abbildung 3 mit einigen Erweiterungen modifiziert, um einerseits über den Steuereingang „waveformSelectIn" die gewünschte, auszugebende Signalform auswählen zu können, sowie Signale vom Modul „ddsDutyCycle" zur Auswahl des Tastgrads von Rechtecksignalen verarbeiten zu können.

Der Eingang „waveformSelectIn" verarbeitet momentan Werte von 0 bis 3 (Sinus, Rechteck, Dreieck, Sägezahn). Aufgrund seiner Breite von 3 Bit ist er jedoch nach aktuellem Stand auch in der Lage 8 verschiedene Signalformen zu unterscheiden. Informationen zur Erweiterung der Signalformen sind unter 5.3 (Änderung / Erweiterung der gespeicherten Signale) zu finden.

Das Modul „outpLatch" dient lediglich als Ausgangsregister zur taktgenauen Ausgabe des entsprechenden Digitalwertes.

Zur Erzeugung des Rechtecksignals mit veränderlichem Tastgrad wird – anders als bei den übrigen Signalformen – keine zuvor gespeicherte Wertetabelle benutzt. Hierfür kommt das Modul „ddsDutyCycle" zum Einsatz, welches ständig die aktuelle Adresse des Phasenakkumulators mit dem gewünschten Tastgrad vergleicht. Dieser ist hier definiert, als das Verhältnis der Pulsdauer t_{on} zur Periodendauer T des Rechtecksignals.

$$D = \frac{t_{on}}{T} = 0 \dots 100\%$$

Ist die zuvor errechnete Grenzadresse noch nicht erreicht, so gibt das Modul einen High-Pegel an das Modul „lookupTable" weiter, welches diesen auf dem kompletten Ausgangsbus weiter reicht. Ist die errechnete Grenzadresse überschritten, so wird ein Low-Pegel weiter gegeben.

3.2.2   Baugruppen DDS-Display 1 bis 3

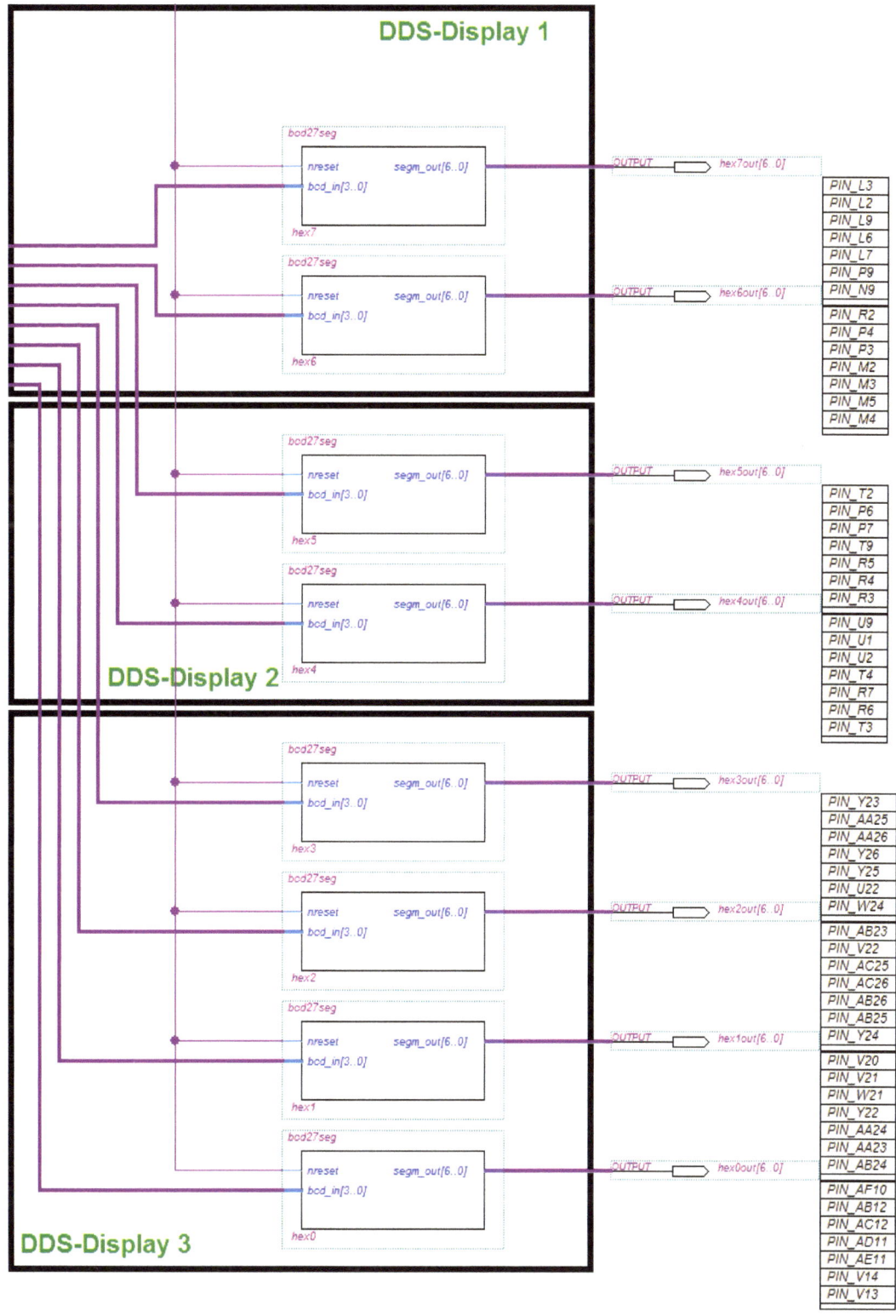

Abbildung 9: Baugruppen "DDS-Display 1 bis 3"

Diese Baugruppen beinhalten lediglich die Konverter zur Ansteuerung der acht 7-Segment-Anzeigen.

Als Eingangssignal erhält jede Anzeige eine vier Bit breite BCD-Zahl (0 bis 9), welche in das acht Bit breite Äquivalent zur Ansteuerung der Anzeige umgewandelt wird. Die Konverter sind ebenfalls in der Lage, die Zahlen 10 bis 15 als Hexadezimalwerte auf den Anzeigen darstellen. Von dieser Möglichkeit wird in diesem Projekt allerdings kein Gebrauch gemacht.

Durch ein Reset-Signal (Low-aktiv) können die Anzeigen zurückgesetzt werden und zeigen dann den Wert „0" an.

3.2.3   Baugruppe DDS-Control

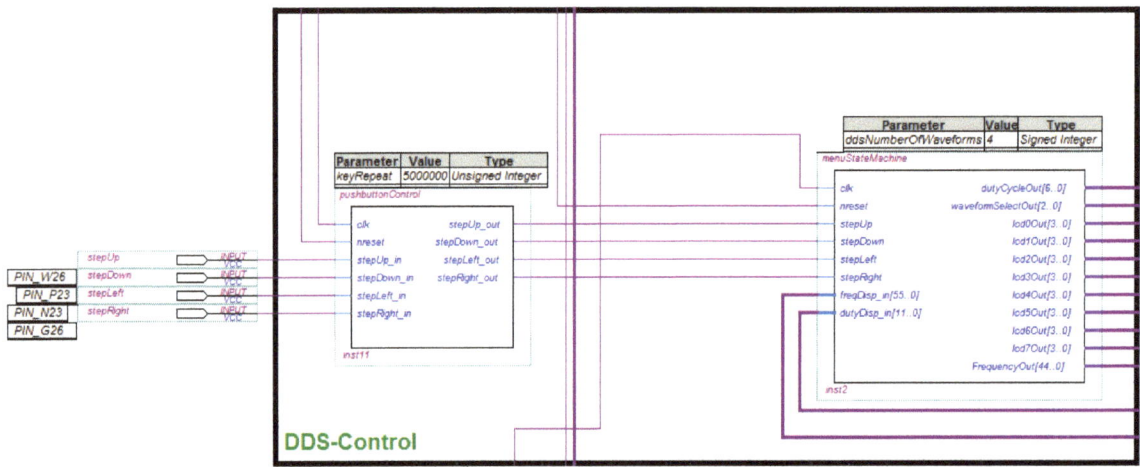

Abbildung 10: Baugruppe "DDS-Control"

Die Baugruppe DDS-Control besteht aus dem Tastencontroller „pushbuttonControl", sowie dem zentralen Zustandsautomaten „menuStateMachine" zur Interaktion zwischen dem Frequenzgenerator und dem Bediener.

Das Modul „pushbuttonControl" prüft lediglich die Zustände der angeschlossenen Taster „Up", „Down", „Left" und „Right" und erzeugt bei längerer Betätigung dieser Taster eine Wiederholung der Eingabe für den Zustandsautomaten, sodass sich der Bediener ein häufiges, wiederholtes Drücken sparen kann. Die Wiederholrate kann hierbei über den generischen Wert „keyRepeat" verändert werden.

Bei dem während dieser Arbeit gewählten Wert von 5000000 ergibt sich eine Periodendauer von circa 200 ms oder eine Wiederholrate von etwa fünf Tastenbetätigungen pro
Sekunde.

Der Zustandsautomat „menuStateMachine" stellt dem Benutzer ein Menü zur Konfiguration des Signalgenerators zur Verfügung und steuert sämtliche Parameter und Dis-
playausgaben.

Frequenz und Tastgrad werden hierbei als dezimale Werte an die anderen Baugruppen
übermittelt, wobei die Frequenz in µHz von 0 bis 35.000.000.000.000, der Tastgrad in
Prozentwerten von 0 bis 100 ausgegeben wird.

Die Aufbereitung dieser Werte zur Anzeige beziehungsweise zur Weiterverarbeitung in
der Generatorbaugruppe „DDS" erfolgt in anderen Baugruppen. Die Werte werden also
in dezimaler Form ausgegeben und dem Zustandsautomaten als fertige 4-Bit-Werte (in
einzelne Ziffern auf gesplittet) zur Anzeige wieder zurückgeführt.

Der generische Parameter „ddsNumberOfWaveForms" kann geändert werden, wenn
eigene Signalverläufe zusätzlich implementiert werden sollen. Die Vorgehensweise hierzu beschreibt Kapitel 5.3 (Änderung / Erweiterung der gespeicherten Signale).

3.2.4   Baugruppe DDS-Frequency Converter

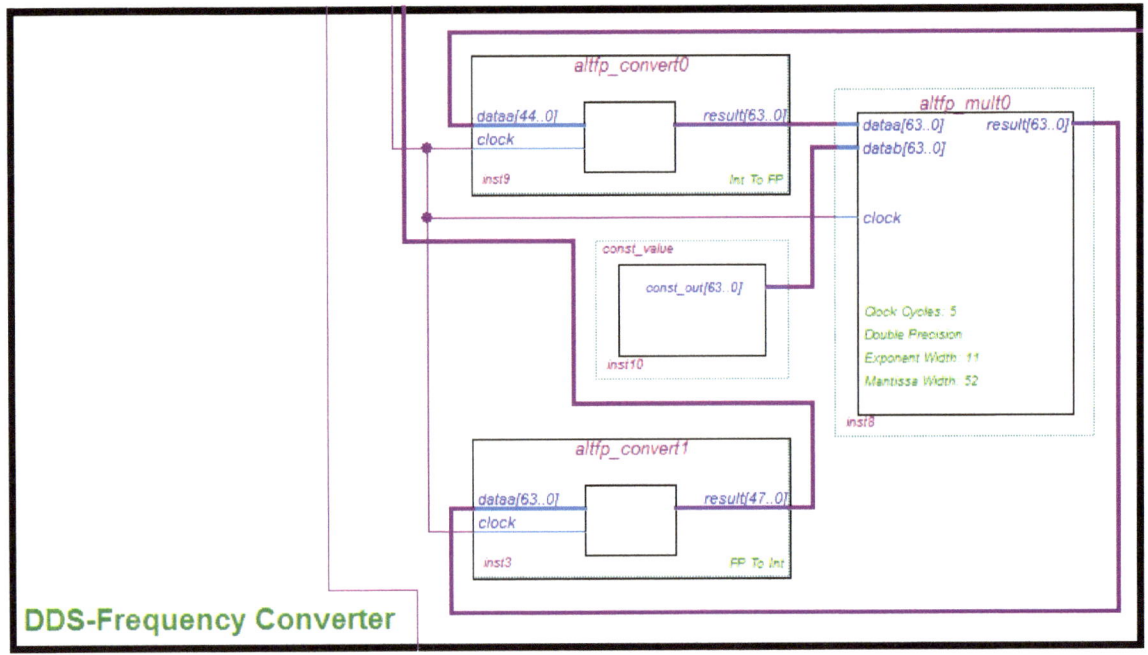

Abbildung 11: Baugruppe "DDS-Frequency Converter"

Diese Baugruppe übernimmt die zuvor angesprochene Umwandlung des dezimalen Frequenzwertes in einen geeigneten 48-Bit-Wert für das Steuerwort der Baugruppe „DDS" und steuert somit die Frequenz des auszugebenden Signals.

Frequenz und Inhalt des Steuerwortes stehen über folgende Formel im Zusammenhang:

$$f[\mu Hz] = \frac{Steuerwort * Taktfrequenz[\mu Hz]}{2^{Wortbreite_{Steuerwort}} - 1}$$

Im konkreten Fall bedeutet dies:

$$f[\mu Hz] = \frac{Steuerwort * 50.000.000.000.000\mu Hz}{2^{48} - 1}$$

Zur Berechnung des Steuerwortes zu einer bestimmten Frequenz wird diese Formel einfach umgestellt und es ergibt sich:

$$Steuerwort = \frac{(2^{48} - 1) * f[\mu Hz]}{50.000.000.000.000\mu Hz} = 5,629499534 * f[\mu Hz]$$

Der Ablauf der Umrechnung in der Baugruppe ist danach wie folgt:

Der ankommende Frequenzwert wird vom Modul „altfp_convert0" zur weiteren Verarbeitung in eine Fließkommazahl doppelter Genauigkeit gewandelt. Das Modul „altfp_mult0" multipliziert diesen Wert mit der in „const_value" gespeicherten Konstanten, die nichts anderes ist, als der Wert 5,629499534.

Abschließend wird das Ergebnis lediglich noch vom Modul „altfp_convert1" in eine Ganzzahl zurückgewandelt und dem Steuerwort des Frequenzgenerators zugeführt.

3.2.5   Baugruppen DDS-Frequency Divider und DDS-Duty Cycle Divider

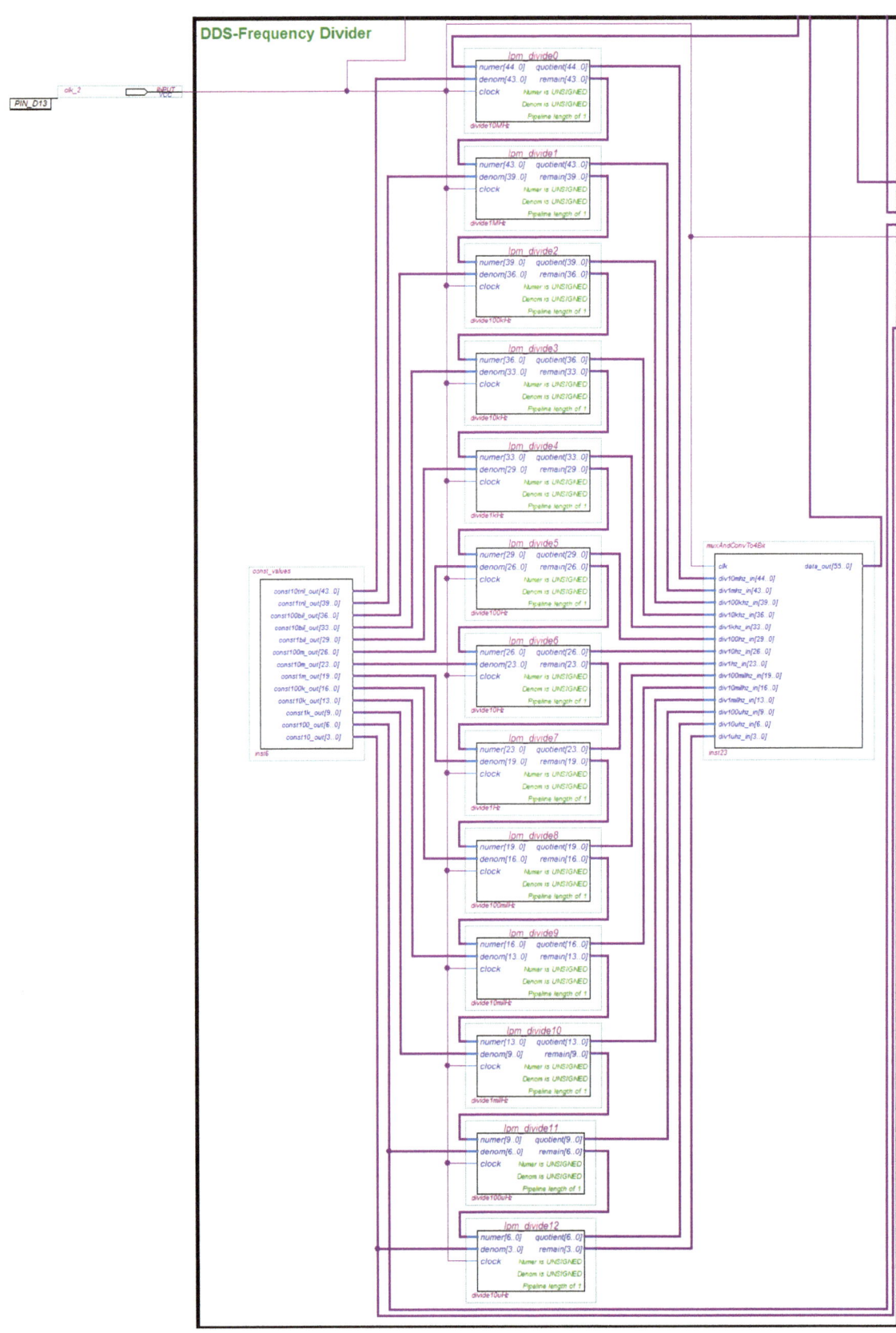

Abbildung 12: Baugruppe "DDS-Frequency Divider"

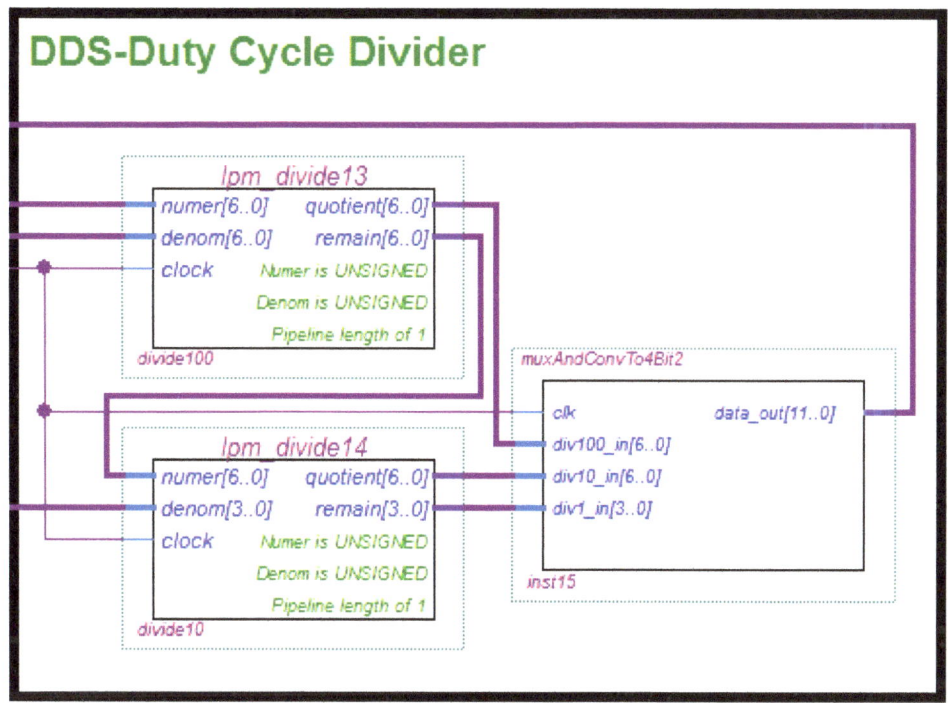

Abbildung 13: Baugruppe "DDS-Duty Cycle Divider"

Diese beiden Baugruppen sind vom Aufbau sehr ähnlich, da sie beide das gleiche Ziel verfolgen: Eine ankommende Dezimalzahl in ihre einzelnen Ziffern aufzuspalten.

Im Prinzip durchläuft die zu spaltende Zahl hierbei lediglich eine Kaskade von Teilern, welche durch die entsprechende Dezimalstelle teilen und den verbleibenden Rest an den nachfolgenden Teiler weiterreichen.

Die Zahl 1981 würde in einem dreistufigen System zum Beispiel in der ersten Stufe durch 1000 geteilt. Das Ergebnis (1) wird als Tausenderstelle zurückgeliefert und der Rest (981) an den nächsten Teiler weiter gereicht. Dieser Teilt die Zahl durch 100, erhält hierdurch wiederum ein Ergebnis (9) und einen Rest (81), welcher abermals weiter gereicht wird. In der letzten Stufe wird die nun nur noch zweistellige Zahl durch 10 geteilt. Man erhält dadurch die entsprechende Zehnerstelle (8) und einen einstelligen Rest (1), welcher direkt und ohne weiteres Teilen zurück gegeben werden kann.

Diese kaskadierte Teilung erfolgt in der Baugruppe „DDS-Frequency Divider" in den VHDL-Modulen „lpm_divide0" bis „lpm_divide12", wobei die Konstanten Teilerwerte (10, 100, 1000,...) im Modul „const_values" gespeichert sind. Die jeweiligen Ergebnisse werden im Modul „muxAndConvertTo4Bit" zwischengespeichert und auf 4-Bit-Werte beschnitten, da das jeweilige Ergebnis nur noch aus einer Zahl zwischen 0 und 9 bestehen kann. Die Ergebnisse werden dann nebeneinander auf einen Bus gegeben und dem zentralen Zustandsautomaten der Baugruppe „DDS-Control" zugeführt.

Gleiches geschieht für die Werte des Tastgrades in der Baugruppe „DDS-Duty Cycle Divider", wobei die Kaskade hier aus den Teilern „lpm_divide13" und „lpm_divide14" besteht, die konstanten Werte 10 und 100 aus dem Modul „const_values" der Baugruppe „DDS-Frequency Divider" abgegriffen werden und im Modul „muxAndConvertTo4Bit2" zwischengespeichert, beschnitten und zusammengeführt werden.

4. Test

4.1   Benötigte Testroutinen / -signale

4.1.1   mnu_up.vwf / mnu_down.vwf

Hier wird die grundsätzliche Funktion der Tasten „Up" und „Down", sowie das Benutzermenü getestet.

Durch Simulation der Betätigung der Tasten „Up" und „Down" werden sämtliche Menüpunkte von 1 (Waveform) bis 7 (MicroHertz) beziehungsweise von 7 zurück zu 1 durchgegangen, sowie der Wechsel von Punkt 7 zu Punkt 1 beziehungsweise von Punkt 1 zu Punkt 7 durch Drücken der Tasten „Up" und „Down" getestet.

Die Anzeige „hex6out" zeigt hierbei den jeweils gewählten Menüpunkt an.

Durch Visualisierung der Signale „current_state..." des Moduls „mnuStateMachine" kann ständig verfolgt werden, in welchem State sich der Zustandsautomat zur Steuerung des Signalgenerators jeweils befindet.

4.1.2   mnu_up_hold.vwf / mnu_down_hold.vwf

Mit diesen Dateien wurde die Tastenwiederholfunktion der Tasten „Up" beziehungsweise „Down" getestet.

Diese löst normalerweise nach Halten der jeweiligen Taste für circa 200 ms einen Erneuten Tastenimpuls für den Zustandsautomaten „mnuStateMachine" aus, um das Funktionsmenü ohne mehrmaliges Betätigen der Tasten „durchblättern" zu können.

Für die Simulation sollte die Wartezeit zwischen den Tastensignalen von circa 200 ms auf ungefähr 20 µs verkürzt. Dies wird erreicht, indem die generische Variable „keyRepeat" des Moduls „pushbuttonControl" von 5000000 auf 5000 geändert wird. Nach Durchführung der Änderung muss das Projekt selbstverständlich neu kompiliert werden, bevor es simuliert werden kann.

4.1.3   freq_1khz.vwf

Um die korrekte Umrechnung von Frequenzwert in den für den DDS-Teil benötigten Registerwert und somit die korrekte Frequenz des ausgegebenen Signals zu testen, wird diese Vector-Waveform-Datei verwendet.

Sie lässt den Signalgenerator lediglich nach einem kurzen Reset-Signal von 200 ns initialisieren und die voreingestellte Signalform (Sinus) mit voreingestellter Frequenz (1 kHz) für eine Periodendauer am Ausgang „daout" ausgeben. In der durchgeführten Simulation ist eine Periode nach 1,02 ms durchlaufen und somit die korrekte Funktion nachgewiesen (Periodendauer = 1,02 ms – 200 ns Reset-Signal).

4.1.4   change_freq.vwf

Mit dieser Simulation wird die Funktionalität der Änderung der Ausgangsfrequenz um 1 MHz, 1 kHz, 1 Hz, 1 mHz beziehungsweise 1 µHz getestet.

Es wird zunächst mit Hilfe der Taste „Down" in das Auswahlmenü „µHz" gewechselt, dann die Ausgangsfrequenz um 1 µHz erhöht und anschließend wieder verringert. Mit den nachfolgenden Menüpunkten „mHz", „Hz", „kHz" und „MHz" wird analog verfahren.

Die korrekte Funktion wird an den Anzeigeausgängen „hexoout" bis „hex2out", sowie über das Bussignal „FrequencyOut" des Moduls „mnuStateMachine" überprüft, aus welchem die aktuelle Frequenz als Dezimalwert ablesbar ist.

Gleichzeitig wird mit dieser Datei auch die korrekte Funktion der Tasten „Left" und „Right" nachgewiesen.

4.1.5   change_duty.vwf

Um die Funktionalität des veränderbaren Tastgrads nachzuweisen wurde diese Simulationsdatei geschrieben.

Nach Umschaltung auf die Rechteckspannung als Ausgangssignal wird hier zunächst die Ausgangsfrequenz auf 1 MHz erhöht, um die Simulationszeit zu verkürzen.

Danach wird der Tastgrad schrittweise von 50% auf 40% verringert. Durch Beobachtung des Ausgangssignals und Umrechnung der erwarteten Impuls- sowie und Pausendauer kann nun die korrekte Funktion nachgewiesen werden.

4.1.6   Weitere Test-Dateien

Weitere Test-Dateien, welche Funktionen während der Entwicklung des Funktionsgenerators simuliert und getestet haben wurden allerdings nach Integration der jeweiligen Komponente gelöscht. Diese wären nach Beendigung des Projekts nicht mehr von Nutzen gewesen, da hier Testsignale für die jeweilige Komponente generiert wurden, die nach der Fertigstellung nicht mehr vorhanden waren.

4.2   Messungen

Nach Fertigstellung des Generators wurden einige Messungen durchgeführt, um die Gesamtfunktionalität, sowie die Qualität der ausgegebenen Signale zu prüfen.

Sämtliche Messungen wurden mit einem digitalen 500 MHz-Oszilloskop des Typs „LeCroy WaveJet 354" durchgeführt.

Die Screenshots in Abbildung 14 bis Abbildung 17 zeigen die verschiedenen, momentan möglichen Ausgangssignale des Generators bei einer Frequenz von 1 kHz.

Dank einer bereits sehr feinen Auflösung des D/A Wandlers von 8 Bits sind mit dem bloßen Auge keine Quantisierungsstufen erkennbar. Die Unebenheiten an den Flanken des Rechtecksignals sind vermutlich dem nicht abgeglichenen Tastkopf des verwendeten Oszilloskops zuzuschreiben. Da die ausgegebenen Digitalwerte des Generators korrekt sind und in einer folgenden Arbeit eh eine komplett neue Ausgangsstufe entwickelt wird, muss der genauen Ursache an dieser Stelle nicht weiter nachgegangen werden.

Die herausstehenden Peaks im Signalverlauf zeigen die Schaltvorgänge des digitalen Schaltungsteils. Um diese unerwünschten, hohen Frequenzen zu unterdrücken, wird ein ausgangsseitiger Filter benötigt.

Die Frequenz wurde bei allen Signalen korrekt mit 1.000 kHz gemessen, jedoch nicht immer korrekt im Screenshot angezeigt, da nach dem Wechsel des Ausgangssignals nicht immer die Anzeige zurück gesetzt wurde.

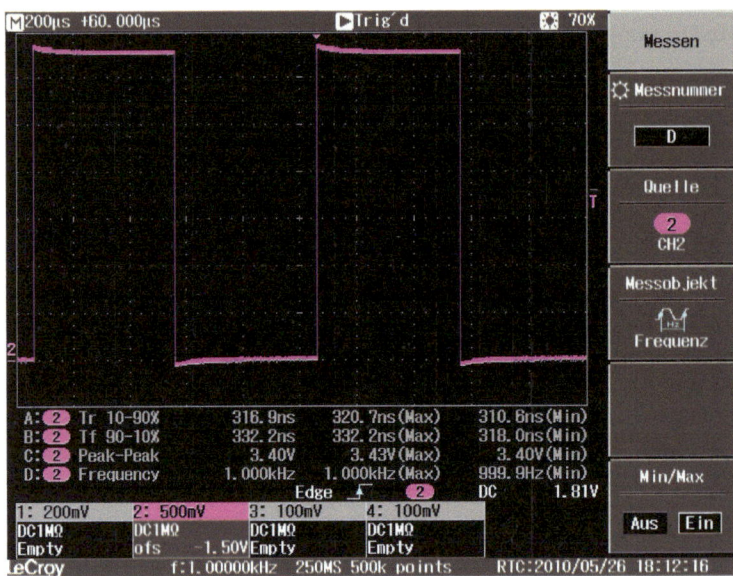

Abbildung 14: Rechtecksignal, f = 1 kHz, Tastgrad = 50%

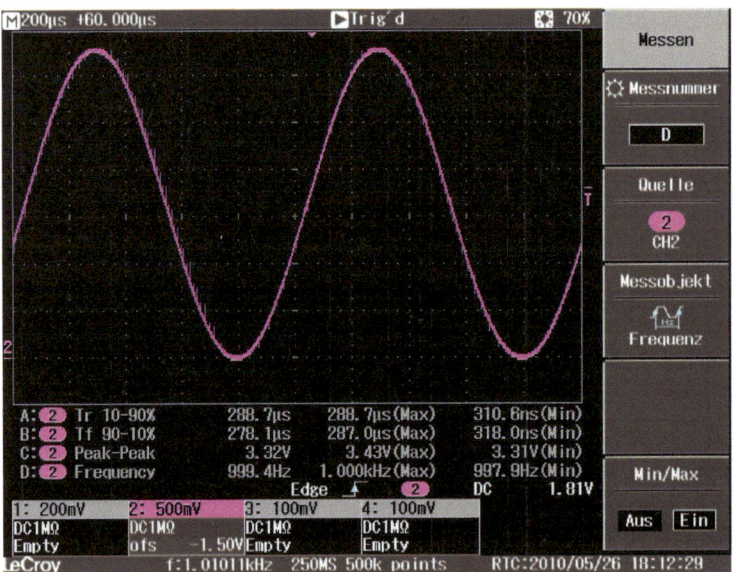

Abbildung 15: Sinussignal, f = 1 kHz

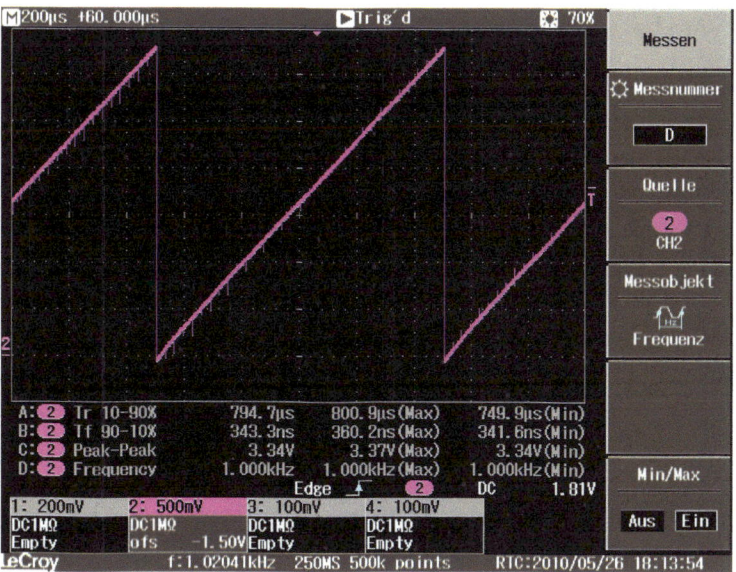

Abbildung 16: Sägezahnsignal, f = 1 kHz

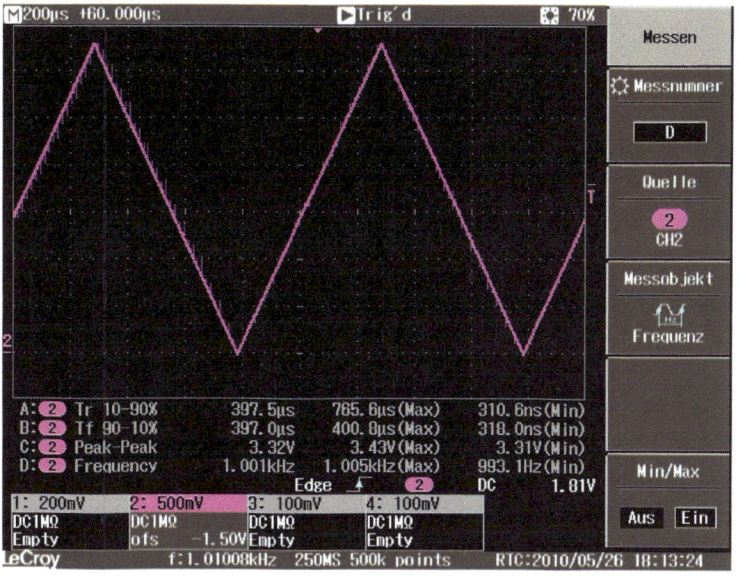

Abbildung 17: Dreiecksignal, f = 1 kHz

Die folgenden Screenshots in Abbildung 18 bis Abbildung 20 zeigen den Signalverlauf bei 50 kHz beziehungsweise bei 195 kHz. Bei Letzterer handelt es sich um die maximale Frequenz, bei der noch alle Werte der Tabelle ausgegeben werden, ohne einen Ausgangswert zu überspringen.

Bei einer Frequenz von 50 kHz lässt sich bereits gut die Tiefpasswirkung des verwendeten Widerstandsnetzwerkes zur Digital-Analog-Wandlung beobachten.

Dieser Effekt wird bei einer Frequenz von 195 kHz besonders deutlich und zeigt die Notwendigkeit einer hochwertigen Ausgangsstufe zur Wandlung.

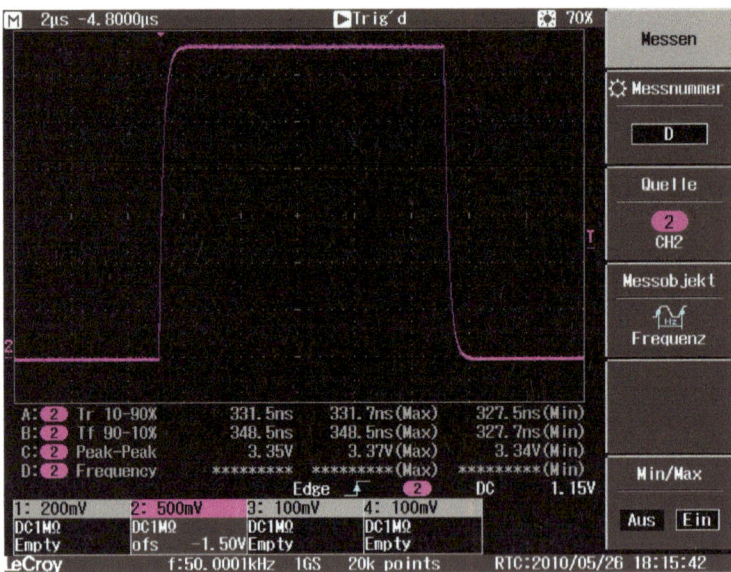

Abbildung 18: Rechtecksignal, f = 50 kHz, Tastgrad = 50%

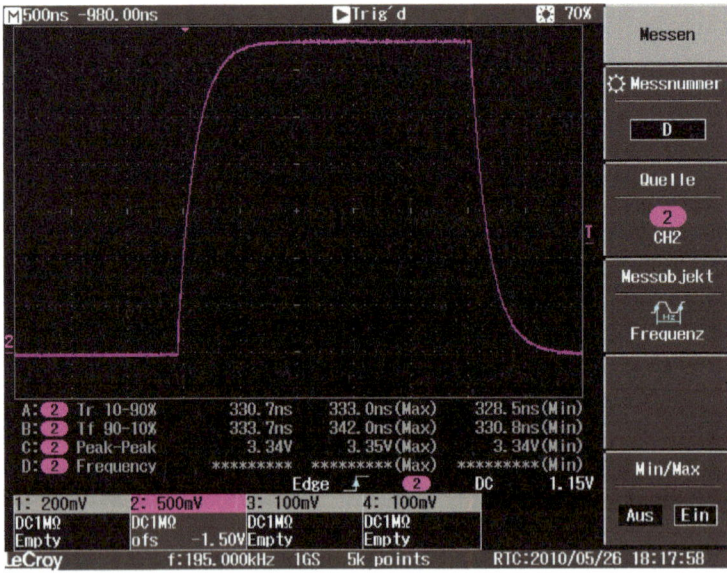

Abbildung 19: Rechtecksignal, f = 195 kHz, Tastgrad = 50%

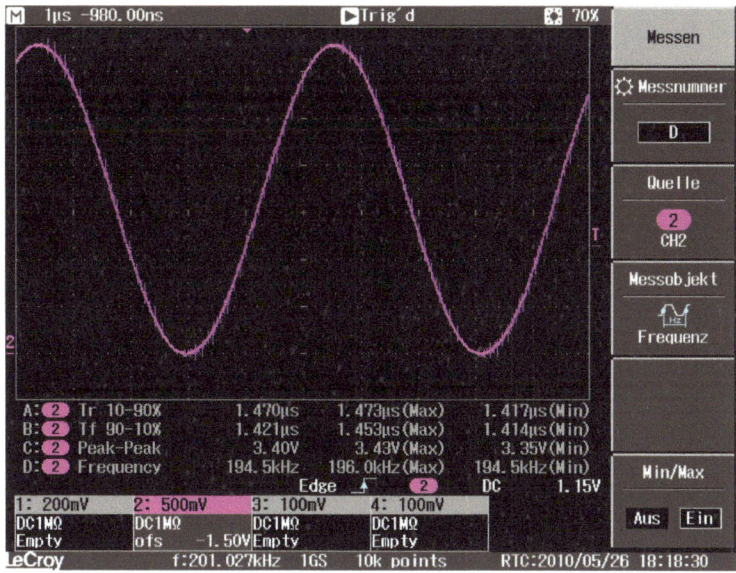

Abbildung 20: Sinussignal, f = 195 kHz

5. Durchführen von Änderungen

5.1   Änderung der DAC-Wortbreite

Obwohl die Änderung der DAC-Wortbreite die tiefgreifendste Veränderung des Systems darstellt, wurde bei der Entwicklung darauf geachtet, dass diese Anpassung im Nachhinein unkompliziert und einfach vollzogen werden kann, um ein Höchstmaß an Flexibilität zu erhalten.

Änderungen hierzu finden lediglich in der Baugruppe „DDS" statt, in der zunächst die vier generischen Variablen „ddsWordSize" anzupassen sind.

Danach müssen die Wertetabellen im Modul „lookupTable" entsprechend modifiziert werden. Die Vorgehensweise hierzu findet sich im Kapitel 5.3 (Änderung / Erweiterung der gespeicherten Signale).

Ist dies geschehen, so sind für die neue Wortbreite lediglich noch zusätzliche Ausgangspins am Modul „outpLatch" zuzuweisen und ein entsprechendes DA-Wandlerboard anzuschließen.

Bei unverändertem Systemtakt ergibt sich nun natürlich eine neue Obergrenze des auszugebenden Signals bei Einbeziehung aller Funktionswerte. Diese errechnet sich aus dem Systemtakt, sowie der gewählten Wortbreite wie folgt:

$$f_{max} = \frac{Taktfrequenz[Hz]}{2^{Wortbreite_{DAC}}}$$

Für das vorliegende System mit 50 MHz Systemtakt und einer Wandlungsbreite von 8 Bit also:

$$f_{max} = \frac{50.000.000\ Hz}{2^8} = \frac{50.000.000\ Hz}{256} = 195{,}3125\ kHz$$

5.2   Änderung der Systemtaktfrequenz

Eine Anpassung der Systemtaktfrequenz könnte unter Umständen durch Umstieg auf ein anderes Evaluationboard oder sonstiges erforderlich sein.

Hierfür muss lediglich die fest verdrahtete Konstante „const_value" der Baugruppe „DDS-Frequency Converter" entsprechend Kapitel 3.2.4 (Baugruppe DDS-Frequency Converter) modifiziert werden.

Eine Modifizierung der übrigen Komponenten ist nicht notwendig, solange die zu erzeugende Ausgangsfrequenz des Signalgenerators circa 35 MHz (2^{45} µHz) nicht überschreitet.

Zu Bedenken gilt es hier allerdings, dass für das Design zwei verschiedene Taktfrequenzen genutzt werden. Der Generatorteil „DDS", sowie die Baugruppe „DDS-Frequency Converter" und das Modul „pushbuttonControl" werden über den 50 MHz-Takt des DE2-Boards getaktet, wobei die übrigen Komponenten mit dem zur Verfügung stehenden 27 MHz-Signal angetrieben werden.

Sollte die Systemtaktfrequenz erhöht werden, ist es empfehlenswert die Baugruppe „DDS-Frequency Converter", sowie das Modul „pushbuttonControl" mit dem 27 MHz-Signal zu versorgen und lediglich den Takt des Generatorteils zu erhöhen, um keine Fehlermeldungen oder Fehlfunktionen aufgrund zu langer Signallaufzeiten zu bekommen. Die Wiederholrate des Moduls „pushbuttonControl" müsste dann natürlich entsprechend über die generische Variable „keyRepeat" angepasst werden.

5.3   Änderung / Erweiterung der gespeicherten Signale

Sollen dem System zusätzliche Signalverläufe hinzugefügt werden, so ist diese Möglichkeit in der Baugruppe „DDS" im Modul „lookupTable", sowie in der Baugruppe „DDS-Control" im Modul „menuStateMachine" zu implementieren.

Beide Module sind dafür ausgelegt, acht verschiedene Signalverläufe zu verarbeiten, wobei vier davon bereits durch die Funktionen Sinus, Rechteck, Dreieck und Sägezahn belegt sind.

Im Modul „lookupTable" muss dazu zunächst die Case-Anweisung um einen entsprechenden Eintrag erweitert werden. Danach ist ein zusätzliches Array für Funktionswerte, nach dem Vorbild der bereits bestehenden Arrays, anzulegen. Dieses wird dann mit den entsprechenden Funktionswerten gefüllt. Eine Hilfe gibt hier das für diese Arbeit eigens entwickelte Programm „LookupTableGenerator", dessen Quellcode dieser Arbeit als Microsoft Visual Studio Projekt beiliegt und um beliebige Algorithmen zur Erzeugung der benötigten Funktionswerte erweitert werden kann.

Um die hinzugefügten Signale auch im Menü des Funktionsgenerators auswählbar zu machen, muss nun lediglich die generische Variable „numberOfWaveforms" des Moduls „menuStateMachine" der Baugruppe „DDS-Control" angepasst werden.

Müssen aufgrund einer Änderung der DAC-Wortbreite (siehe Kapitel 5.1 (Änderung der DAC-Wortbreite)) die bestehenden Tabellen geändert werden, so sind lediglich die im Modul „lookupTable" gespeicherten Funktionswerte zu ändern. Auch dies geschieht auf einfache Weise mit dem im folgenden Unterkapitel beschriebenen Hilfsprogramm.

5.3.1   Verwendung des Hilfsprogramms LookupTableGenerator

Um die für das VHDL-Modul „lookupTable" benötigten Funktionstabellen einfach erstellen zu können wurde ein Hilfsprogramm in C# geschrieben. Der Quellcode liegt dieser Arbeit als „ Microsoft Visual Studio 2008"-Projekt bei.

Dieses kann in Auflösungen zwischen 8 und 16 Bit Funktionswerttabellen für die Funktionen Sinus, Rechteck, Dreieck und Sägezahn ausgeben. Hierbei kann ausgewählt werden, ob die entsprechenden Werte in dezimaler, hexadezimaler oder binärer Form ausgegeben werden sollen.

Abbildung 21: LookupTableGenerator

Die erzeugten Werte können dann ganz einfach wie folgend erklärt, in den VHDL-Quellcode übernommen werden (sämtliche Ausdrücke gelten ohne die äußeren beiden Anführungszeichen):

1. Generieren einer Tabelle von Binärwerten mit Hilfe des Programms "LookupTableGenerator" mit zwei Bits mehr, als der am Ausgang benutzten Auflösung.

2. Textausgabe kopieren und in einen geeigneten Editor (hier verwendet: Freeware-Editor "Notepad++ V.5.6.4 (UNICODE)") einfügen.

3. Zeilenumbrüche ("\n") durch "","" ersetzen.

4. Sämtliche "\r" durch nichts ersetzen.

5. Ein Anführungszeichen (""") an den Textanfang setzen, letztes Anführungszeichen und Komma am Textende löschen.

6. Den regulären Ausdruck "[0-1][0-1]""" durch """ ersetzen. Dies entfernt die letzten beiden Bits eines jeden Tabelleneintrags.

7. Jeweils nach acht Tabelleneinträgen einen Zeilenumbruch einfügen (hier manuell durchgeführt). Dies dient der besseren Lesbarkeit.

8. Sämtliche "\n" durch "\n\t\t" ersetzen. Dies fügt zwei Tabulatoren vor jede Zeile.

9. Die fertige Tabelle in den Quellcode kopieren.

6. Fazit

Die Realisierung des Signalgenerators hat sich komplexer gestaltet, als zuvor angenommen. Dennoch liegen die technischen Eigenschaften des Ergebnisses über den ursprünglich angepeilten Werten.

Die maximale Frequenz des Ausgangssignals liegt zwar mit den zuvor in diesem Dokument angegebenen circa 195 kHz unter der angepeilten Frequenz von 1 MHz – allerdings ist mit dem gegebenen Systemtakt von 50 MHz und einer Auflösung von 8 Bit zunächst kein höherer Wert zu erreichen. Außerdem bleibt abzuwarten, wie sich das Ausgangssignal mit nachgeschaltetem Filter verhält und ob dieses dann eventuell auch noch bei höheren Frequenzen eine ausreichende Qualität besitzt.

Elementares Ergebnis der Arbeit ist die Baugruppe „DDS", welche den eigentlichen Funktionsgenerator enthält. Dieser kann entweder mit Hilfe der übrigen Komponenten via Tasteneingabe und Ausgabe auf den 7-Segment-Anzeigen mit dem Benutzer interagieren, als auch an einen Mikrocontroller angeschlossen und so gesteuert werden.

Abgesehen von den benutzten „Megafunctions" für einige arithmetische Operationen wurde das Schaltungsdesign komplett in Eigenarbeit entwickelt und realisiert. Hierfür waren vor Allem die im Literaturverzeichnis genannten Dokumente zum Thema „DDS", sowie das Skript der Vorlesung „Hardware-Beschreibungssprache" sehr hilfreich. Eine kleine Abwechslung von VHDL und Schaltungssynthese bot zwischenzeitlich die Programmierung des Hilfsprogramms zur Erstellung der Funktionswerttabellen.

Trotz des Abschlusses der Arbeit mit dem funktionstüchtigen Generator, gibt es einiges was sich am bestehenden System noch verbessern lässt.

Als einfachste Verbesserungen wären die Erhöhung der Taktfrequenz, sowie die Erweiterung der DAC-Wortbreite zu nennen. Diese Möglichkeiten wurde bei der Entwicklung des Signalgenerators bereits berücksichtigt, setzen allerdings eine entsprechend hochwertige DA-Wandlerplatine am Ausgang voraus.

Am wichtigsten erscheint mir jedoch eine Überarbeitung des Bedienkonzepts. Eine vernünftige Anzeige der eingestellten Frequenz ist leider auf den zur Verfügung stehenden 7-Segment-Anzeigen nicht möglich und für eine Realisierung der Visualisierung auf dem LC-Display war die eingeplante Bearbeitungszeit der Aufgabe leider zu knapp bemessen.

Auch könnte durch Aufbringen eines zweiten Signalgenerators auf dem FPGA ein Zweikanal-Generator erzeugt, oder die Möglichkeit der Modulation des erzeugten Signals ermöglicht werden.

Außerdem könnte als weitere Verbesserung eine Erweiterung entwickelt werden, mit der beliebige Signalmuster von einer Speicherkarte eingelesen und ausgegeben werden können. Dies würde eine Einspielung eigener Signalmuster erheblich erleichtern und das System zu einem „echten" Arbiträr-Funktionsgenerator machen.

Falls gewünscht, kann auch die Auflösung des Tastgrads mit ein wenig Programmieraufwand erhöht werden, um eine genauere Einstellung des selbigen zu ermöglichen. Die momentan mögliche Konfiguration in 1%-Schritten könnte dadurch dann in 0,1%- oder 0,01%-Schritten erfolgen. Dies würde allerdings zunächst die Überarbeitung des Bedienkonzepts voraussetzen, da weder die aktuelle Anzeigeform, noch die Eingabe über Up-/Down-Taster dies in ergonomischer Form ermöglichen könnten.

Gerade die zuvor genannten Verbesserungsvorschläge, wie auch die Qualität der DA-Wandlungsstufe, sind die wesentlichen Faktoren, durch welche sich Generatoren im unteren Preissegment von teureren Geräten unterscheiden.

Literaturverzeichnis

„Direct Digital Synthesis – Impact on Function Generator Design", Stanford Research Systems, http://www.thinksrs.com/downloads/PDFs/ApplicationNotes/DDS.pdf (abgerufen am 13.05.2010)

„A Technical Tutorial on Digital Signal Synthesis", Analog Devices, http://www.analog.com/static/imported-files/tutorials/450968421DDS_Tutorial_rev12-2-99.pdf (abgerufen am 21.03.2010)

„Direct Digital Synthesizers: Theory, Design and Applications", Jouko Vankka, 2000, Helsinki University of Technology, ISBN 951-22-5232-5